CAUTIVAS

ENRIQUE GARCÍA RIAZA

© Enrique García Riaza
© De la presente edición, Prensas de la Universidad de Zaragoza
   (Vicerrectorado de Cultura y Proyección Social)
   1.ª edición, 2024

Este Cuaderno ha sido financiado por la Red Libera Res Publica (RED2022-134584-T, Agencia Estatal de Investigación, Ministerio de Ciencia e Innovación, Gobierno de España).

Imagen de cubierta: Jacques-Louis David, *Las sabinas* (detalle). París, Museo del Louvre. Foto: Sailko, Wikimedia Commons

Cuadernos *Libera Res Publica*. Las Mujeres en la República Romana, 2

Directores de los Cuadernos *Libera Res Publica:*
Cristina Rosillo-López
Francisco Pina Polo
Elena Torregaray Pagola

Prensas de la Universidad de Zaragoza. Edificio de Ciencias Geológicas, c/ Pedro Cerbuna, 12 50009 Zaragoza, España. Tel.: 976 761 330
puz@unizar.es • http://puz.unizar.es

Editorial Universidad de Sevilla, c/ Porvenir, 27, 41013 Sevilla, España.
Tel.: 954 487 447 • eus4@us.es • https://editorial.us.es

ISBN 978-84-1340-866-8
Impreso en España
Imprime: Servicio de Publicaciones. Universidad de Zaragoza
Depósito legal: Z 2086-2024

Fig. 1. Giambologna, *Rapto de la sabina* (detalle). Florencia, Loggia dei Lanzi. Foto: M. Harrsch, Wikimedia Commons.

L os relatos legendarios sobre los orígenes de Roma nos hablan del rapto de mujeres, al que atribuyen un papel esencial en el crecimiento demográfico, y, a medio plazo, en la integración política con las comunidades vecinas. El episodio más conocido es el del rapto de las sabinas, que ha inspirado, también, numerosas obras artísticas a lo largo de la historia. La tradición relata la captura de un grupo de jóvenes procedentes de la región sabina (en el interior del Lacio) que habían acudido a Roma como invitadas a una fiesta (texto 1). Al secuestro masivo de las sabinas le sucedieron los matrimonios forzosos con sus captores romanos. No mucho después, durante el inevitable conflicto bélico que se desató entre ambas comunidades, las sabinas actuarían como suplicantes ante otra mujer, Hersilia, la esposa de Rómulo según algunas versiones, para que este se apiadara de sus compatriotas derrotados (fig. 1).

Fig. 2. John William Godward, *Briseida*. Col. privada. Foto: Wikimedia Commons.

En realidad, los romanos no parecen haber sido muy origi-
nales en sus leyendas de fundación. El secuestro de mujeres
se atribuye, también, a los inicios de otros pueblos mediterrá-
neos, como los cartagineses. Una fuente tardía, Justino, alude
al rapto por los fenicios de ochenta muchachas en Chipre, donde hizo escala la expedición que fundaría Cartago. Este acto
violento se llevó a cabo «para que los jóvenes pudieran casarse
y la ciudad tener descendencia». Naturalmente, estos pasajes
deben tomarse como literatura mítica, y no como hechos com-

probados, pero ello no mengua el valor de tales leyendas para los estudiosos de la historia de las mentalidades antiguas. Si nos remontamos en el tiempo, los antecedentes más remotos se encuentran, de hecho, en la propia *Ilíada*. Esta antiquísima obra literaria, que relata en clave épica algunos episodios de la Guerra de Troya, se inicia —quizás no por casualidad— con las vicisitudes de una cautiva, Briseida, objeto de disputa entre dos jefes griegos, Agamenón y Aquiles (fig. 2). De acuerdo con el relato homérico, se trataba de la viuda del rey Mines, caído en la batalla defendiendo la ciudad de Lirneso. Briseida había pasado a formar parte del botín de guerra, como también Criseida, concubina de Agamenón. De igual modo, en la *Odisea*, el primer episodio violento protagonizado por el grupo de Ulises tras su salida de Troya consistió en el saqueo de la ciudad de Ismaro y la captura de las mujeres de los Cícones. El rapto y el cautiverio femenino eran, en definitiva, vistos por los antiguos como prácticas ancestrales, y, por lo tanto, estos comportamientos distaban de ser censurables... excepto si eran sus propias mujeres las secuestradas.

Las leyendas sobre la captura, secuestro o rapto de mujeres no se construyeron a partir de la mera imaginación, sino que tienen como punto de partida algunas realidades tangibles en la época de la codificación de los relatos que, en el caso de Roma, se sitúa ya durante la República Media (siglos III-II a. C.). La toma de prisioneras en el contexto de una operación armada era una costumbre generalizada; y el secuestro y el rapto estaban tan extendidos como el apetito crematístico y sexual que los suscitaban respectivamente. En épocas de grandes conflictos bélicos —como la etapa de expansión de la República romana— son abundantes las referencias de autores antiguos y las alusiones de textos epigráficos a este tipo de acciones. A título de ejemplo, un documento excepcional —el acta de rendición de un núcleo hispano a Roma en el 104 a. C., conocido como Bronce de Alcántara— incluye entre sus cláusulas la devolución de los cautivos. Pero esta inscripción, que ratifica lo que ya conocíamos a través de las fuentes literarias, nos señala también otro rasgo: la invisibilidad de género en la terminología antigua, al emplearse, por lo común, palabras globalizadoras, que

TEXTO 1.
EL RAPTO DE LAS SABINAS
SEGÚN TITO LIVIO

Livio 1.9.1-11 (trad. J. A. Villar Vidal,
Gredos, Madrid, 2000, 22-23)

Roma era ya tan fuerte que su potencial bélico estaba a la altura del de cualquiera de los Estados vecinos; pero, debido a la falta de mujeres, su grandeza estaba abocada a durar una generación al no tener en sí posibilidad de perpetuarse ni existir matrimonios con los pueblos del entorno. [...] A fin de proporcionar momento y lugar adecuado a esta salida, Rómulo [que había solicitado en vano alianzas matrimoniales] disimula su resentimiento y dispone con toda intención unos juegos solemnes en honor de Neptuno Ecuestre: los llama Consualia. Ordena, a continuación, que sean invitadas las poblaciones vecinas; lo solemnizan con cuantos medios en aquella época se conocían o estaban en su mano, para hacerlo famoso y despertar la expectación. Acudió mucha gente, atraída, además, por la curiosidad de ver la nueva ciudad, pero sobre todo los de las cercanías [...]. De los sabinos acudió la población en masa, mujeres e hijos incluidos. [...] Cuando llegó la hora del espectáculo y estaban concentradas en él las miradas y la atención, se puso en marcha según lo previsto el golpe de fuerza: a una señal dada, los jóvenes romanos se lanzan a raptar a las doncellas. La mayoría de ellas fueron cogidas al azar por el primero que las tuvo a mano; algunas, especialmente hermosas reservadas a los senadores más importantes, eran llevadas a casa de estos por los plebeyos a los que se había encomendado esta misión. [...].

no ayudan a conocer hasta qué punto la población femenina o masculina estuvo implicada. El trabajo de los historiadores —leyendo, a veces, entre líneas— nos permite concluir que el conjunto de los habitantes —y, por tanto, un gran número de mujeres— se vio afectado directa o indirectamente por los rigores de las guerras y fue atrapado en la cadena de represalias sobre los vencidos, incluyendo, con frecuencia, la pérdida transitoria o permanente de la libertad personal.

Junto a los escenarios ligados al uso directo de la violencia, cabe añadir otra modalidad de retención, si no de cautiverio estrictamente: la solicitud de rehenes a las poblaciones sometidas. Se trata de una práctica de carácter diplomático, aunque no ajena a la coacción. Sus dos finalidades básicas son la de simbolizar una asimetría política y la de garantizar un compromiso de fidelidad. La presencia femenina entre los rehenes exigidos por la República romana es, como veremos, difícil de detectar hasta la época de Augusto, pero tenemos constancia de la utilización de mujeres como rehenes por otros pueblos en nuestro contexto histórico, caso, entre otros, de los cartagineses.

Finalmente, debemos preguntarnos no solo en qué situaciones las mujeres sucumbieron al cautiverio, sino acerca de su posterior destino. ¿Qué fue de las secuestradas o tomadas como prisioneras de guerra? ¿Hasta qué punto se dieron abusos físicos? ¿A qué lugares fueron trasladadas? ¿Lograron, alguna vez, regresar a sus hogares? A estas y otras preguntas trataremos también de responder, aunque anunciamos ya lo que muchos de nuestros lectores imaginan: el cautiverio implicó, en demasiadas ocasiones, un viaje con billete de ida, una pavorosa travesía hacia la humillación, el destierro, y el olvido.

1.
El cautiverio femenino en situación de guerra

La participación directa de la mujer en el combate aparece en las fuentes literarias antiguas (escritas en griego o en latín, y por manos masculinas) como una excepción cuyo antecedente mítico hunde sus raíces en la leyenda de las amazonas y, en última instancia, en los referentes de divinidades femeninas relacionadas con la guerra. Entre los mimbres para la (auto) construcción de la identidad romana no faltan personajes como Tarpeya, dispuesta a tomar la iniciativa arriesgando la vida para defender (o traicionar, según otros) a su pueblo. Sin embargo, en buena medida el poder de las mujeres romanas se despliega en el más sutil campo de la maquinación, la mediación y la influencia. La guerra, podríamos decir, era cosa de hombres para la mentalidad romana, y solo en sociedades exóticas parecía darse un neto papel femenino en el campo bélico. En el lejano noroeste de la península ibérica, durante las campañas del general romano Junio Bruto en 138-136 a. C., los brácaros, habitantes de la zona, son descritos por el historiador Apiano de Alejandría (*Sobre Iberia*, 72) en los siguientes términos: «este es un pueblo enormemente belicoso que combate juntamente con sus mujeres, que llevan armas y mueren con ardor sin que nadie haga gesto de huir, ni muestre su espalda, ni deje escapar un grito». Y añade, significativamente: «de las mujeres que son capturadas, unas se dan muerte a sí mismas y otras, incluso, dan muerte a sus hijos con sus propias manos, alegres con la muerte más que con la esclavitud». Por desgracia, no podemos saber hasta qué punto este texto describe la realidad de los hechos o es el fruto de una recreación tópica (e interesada) de los comportamientos de los pueblos de la periferia de Roma. En todo caso, la intervención femenina puede darse por segura en situaciones de extremo peligro. Esta implicación se registra en algunas zonas del mundo sometido por Roma. Las mujeres germanas habrían participado, por ejemplo, en la batalla de Aquae Sextiae, que se saldó con la victoria de Roma en 102 a. C.

La intervención directa de las mujeres en combates cuerpo a cuerpo se registra muy excepcionalmente, sin embargo. Mucho más frecuente es su rol en el plano de lo que hoy llamaríamos intendencia militar. Entre los galos y sus aliados, la función de las mujeres consiste en alentar a los guerreros (varones) con gritos de ánimo (profiriendo incluso amenazas en casos de cobardía), pero también se constata un rol activo, al encargarse ellas de proporcionar a los combatientes apoyo logístico y armamento. De nuevo Apiano (*Sobre África*, 93) describe la extrema implicación de las mujeres cartaginesas en la defensa de su ciudad durante la última guerra contra Roma: «cada día fabricaban cien escudos, trescientas espadas, mil dardos para catapultas, quinientos dardos y lanzas y todas las catapultas que podían. Para atarlos, las mujeres se cortaban los cabellos, a falta de fibras». Estos roles atribuidos a la condición femenina y no exentos de una fuerte elaboración literaria se manifestarían en circunstancias bélicas de asedio (como el de Helmántica ante Aníbal), de asalto (el de Iliturgi por Escipión) o de batalla campal (las mujeres que acompañan al ejército de Ariovisto frente a César). Cuando la mujer es protagonista de un conflicto contra Roma, caso de Teuta, la regente de Iliria, en la costa adriática, los autores grecorromanos nos la presentan con una animadversión pasmosa para los lectores del siglo XXI, y no escatiman adjetivos rebosantes de lo que hoy calificaríamos como notoria misoginia. Para algunas de nuestras fuentes antiguas, el hecho de que la antagonista de Roma sea una mujer supone, literalmente, una dosis extra de ignominia y agravio.

En síntesis, las referencias de nuestros textos a la participación de las mujeres en la guerra son esporádicas, pero ello no contradice la existencia de una implicación global de la población en el fenómeno bélico. Puede afirmarse sin lugar a duda que la acción armada directa se llevó a cabo por hombres, pero no es menos cierto que la contribución femenina resultó habitual y, en ocasiones, determinante. Este elevado grado de implicación tendrá su triste reflejo en la cuota de padecimientos que las mujeres se verán forzadas a arrostrar cuando llegue la derrota.

El sufrimiento de la población civil en un conflicto bélico pasa demasiadas veces desapercibido en los libros de texto a causa de la obsesión (antigua y moderna) por la «historia de personajes», centrada en la descripción y alabanza de las acciones de generales gloriosos, como los Escipiones o los Metelos. Pero la realidad es que los padecimientos de mujeres y niños de ambos sexos fueron, al menos, tan acerbos como los de los jóvenes varones en edad militar. En situaciones de guerra formalmente declarada, se esperaba que los generales romanos aplicaran el principio de proporcionalidad, determinando los castigos según el grado de resistencia de los enemigos. En la gran mayoría de los casos, los habitantes de las poblaciones que se entregan a Roma durante las fases tempranas de la lucha conservan su (teórica) libertad, aunque se ven obligados a pagar indemnizaciones y a colaborar con el ejército vencedor. Sin embargo, hubo comandantes que vulneraron esta norma no escrita, y acabaron asesinando o esclavizando a la población que se había rendido. El caso más conocido es el de Sulpicio Galba en Lusitania (149 a.C.) quien asesinó a los cabezas de familia y capturó a un gran número de personas, entre las que se encontrarían muy probablemente las mujeres y los niños. Otros generales antes que él, como Popilio Lenas en Liguria (173 a.C.), cometieron los mismos abusos.

Cuando la ciudad resiste hasta la extenuación y se entrega tras largos asedios, muchos de los habitantes son capturados y vendidos. En torno al 96 a.C., Didio, el gobernador de Hispania Citerior, castigó a la población celtibérica de Colenda, que había aguantado ocho meses el cerco romano, con la esclavización de sus moradores, incluidos, literalmente, «los niños y las mujeres» (Apiano de Alejandría, *Sobre Iberia*, 99). Del mismo modo, el conjunto de la población numantina —salvo los reservados para el desfile— fue vendido en el 133 a.C.

La violencia contra los habitantes civiles se despliega infernalmente en el transcurso del asalto a una ciudad (fig. 3). Dado que en tales casos se había producido con anterioridad

Fig. 3. Georg Pencz, *La toma de Cartagena*. Grabado a partir de una obra de Giulio Romano. Foto: Los Angeles County Museum of Art.

una resistencia activa, la práctica antigua (no solo la romana) legitimaba al atacante para aplicar cualquier tipo de represalias. En medio del caos de los combates, entre el humo y los gritos de pánico, las vanguardias asaltantes no distinguen edades, género o condición. El historiador griego Polibio alude a la costumbre romana de pasar a cuchillo no solo a las personas, sino hasta los perros y otros animales, a fin de infundir terror a los defensores. Leemos esta afirmación cuando el escritor nos narra la conquista de Cartago Nova (Cartagena) por Escipión en 209 a. C. Sin abandonar el ámbito peninsular, también el autor latino Tito Livio relata así la toma de la ciudad hispana de Iliturgi en el 206 a. C:(*Historia de Roma*, 28.20.6): «mataron a los inermes de igual manera que a los armados, a las mujeres igual que a los hombres; la feroz ira condujo al asesinato de niños». Acaso en un vano esfuerzo por justificar esta violencia, nuestra fuente, recuérdese, había indicado pocas líneas más

Fig. 4. Tony Robert-Fleury, *El último día de Corinto*. París, Museo de Orsay. Foto: Sailko, Wikimedia Commons.

arriba que las mujeres colaboraron activamente en la defensa de la plaza, suministrando, al igual que los niños, proyectiles a los defensores y colaborando en la reparación de la muralla.

Una vez saciada esta avidez de sangre, extinguida la resistencia local, se inicia la segunda etapa del sometimiento: el saqueo sistemático del núcleo de población (fig. 4). En teoría se trata de un procedimiento no solo autorizado, sino dirigido y coordinado por el general en jefe. De nuevo Polibio nos cuenta, con su mirada extranjera tan afín a la nuestra, cómo se ordena mediante una señal iniciar el registro de las viviendas, mientras fuertes contingentes se mantienen en guardia tanto en el interior del recinto urbano como en el exterior, estableciendo patrullas que aseguran el perímetro de la ciudad para evitar emboscadas. Los soldados comisionados para el saqueo acumulan el producto de sus registros en un punto —la plaza de la ciudad—, y los tribunos militares determinan los lotes para su distribución entre los soldados, sin olvidar las partes reservadas para los legionarios ausentes por razones de servicio o enfermedad.

Esta pulcra descripción de Polibio no debe ocultarnos una realidad frecuente —que él mismo reconoce—: el deseo de botín (la *spes praedae*) era tan fuerte entre los soldados (mal pagados y hambrientos) que el propio general no lograba contener a sus hombres, y la soldadesca realizaba por su cuenta acciones incontroladas de pillaje, enormemente violentas, que acababan a veces en reyertas entre los propios saqueadores. Además de un delito de indisciplina militar, tales desmanes resultaban especialmente peligrosos al afectar a la capacidad de combate de las legiones, exponiéndolas a una potencial debilidad frente a contraataques. Durante uno de estos saqueos, el realizado sobre la pujante ciudad siciliana de Siracusa en la Segunda Guerra Púnica, a finales del siglo III a. C., en circunstancias confusas (Plutarco nos ofrece tres versiones), Arquímedes morirá asesinado por un soldado ignorante: una entre las innumerables víctimas civiles del terror urbano. Suerte distinta corrieron las féminas a manos de la soldadesca, inermes ante la brutalidad sexual de sus dominadores. En definitiva, las mujeres, los ancianos y ancianas, y los niños de ambos sexos, no podían esperar sino, en el mejor de los casos, su incorporación al botín oficial como *captivi / aikhmalotoi* (prisioneros de guerra).

2.
Secuestradas por piratas

Junto al cautiverio en guerra abierta, las mujeres sufrieron también en sus carnes las consecuencias de acciones piráticas, que llegaron hasta la propia Italia. En el año 66 a.c., Cicerón (*En defensa de la Ley Manilia*) pronuncia un vehemente discurso en favor de una ley que otorgaba a Pompeyo el mando supremo de la guerra en oriente, conflicto que había generado un importante repunte de la piratería. El famoso orador denuncia en términos apocalípticos la proliferación de esta lacra, esgrimiendo varios ejemplos de la temeridad de los asaltantes, que, en los últimos tiempos, había llegado, según él, hasta las mismas costas de Italia e incluso a la altura de la propia Ostia, el puerto de Roma. La situación era, en efecto, muy peligrosa en todo el Mediterráneo, como nos confirma el historiador Apiano.

Puesto que la finalidad única de los piratas era la de obtener el mayor beneficio económico posible a través del cobro de un rescate, no es de extrañar que se buscara el secuestro de personas adineradas e influyentes. El barco en el que viajaba Julio César con destino a la isla de Rodas fue abordado a la altura de Mileto, posiblemente en el invierno del 74-73 a.C. El entonces joven patricio fue conducido a un lugar remoto, permaneció casi 40 días retenido, y tuvo que entregar a sus captores la cuantiosa suma de 50 talentos como rescate. Otro caso sonado, según narra el biógrafo Plutarco, fue el secuestro en la propia Italia de dos pretores, Sextilio y Belino, quienes, vestidos con sus togas ribeteadas de púrpura, fueron prendidos y arrastrados hasta los barcos piratas con total impunidad junto con sus sirvientes y su guardia de lictores.

No es de extrañar que las mujeres de la alta sociedad romana sucumbieran también a tales riesgos. Un botón de muestra es el caso del secuestro de Antonia. La identidad de esta joven aristócrata es problemática. Algunos historiadores defienden convincentemente que se trataba de la hija de Marco Antonio Crético y de la segunda esposa de este, Julia. Por ironías del destino, su abuelo, Marco Antonio el Orador, y su padre habían luchado contra los piratas. El primero (cónsul del 99 a. C.) persiguió la piratería en oriente durante su etapa de pretor, y fue reconocido con un triunfo «sobre los piratas de Cilicia»; el segundo acababa de dirigir una serie de campañas con discreto resultado (74-71 a. C.), que habían tenido como escenario, entre otras regiones, aquella en la su hija sería secuestrada pocos años más tarde. En efecto, la infortunada Antonia, que recientemente había perdido a su padre, se dirigía por tierra hacia la costa del actual Golfo de Nápoles para alojarse en el campo, en la villa construida por su abuelo no lejos del puerto de Miseno, en la zona de moda del «resort» de Bayas. Una partida de piratas cilicios atacó entonces a la comitiva y raptó a la joven, para desaparecer rápidamente. Tales sucesos, que habrían tenido lugar en una fecha imprecisa entre el 71 y el 67 a. C., causaron una gran conmoción a tenor de la relevancia social de Antonia. Nuestras fuentes silencian la cuantía específica del rescate, pero sí indican que la liberación de la joven implicó la entrega de una fuerte suma. A diferencia de César, que obtuvo el dinero para su redención gracias al apoyo de la ciudad de Mileto, la familia de Antonia debió, probablemente, verse obligada a solicitar un préstamo. Los investigadores modernos sospechan que las deudas del famoso triunviro Marco Antonio —hermano de la secuestrada— no debieron proceder únicamente de su vida licenciosa, sino que derivarían también de las obligaciones contraídas con acreedores para poder hacer frente al pago del rescate. Tras su regreso a casa, Antonia logró recuperarse, y se casaría después con el cónsul del 47 a. C. Publio Vatinio, partidario de César.

3.
El destino de las cautivas

No todas las mujeres raptadas por piratas tuvieron la suerte de Antonia. Para algunas, el secuestro significaría una ruptura definitiva con su vida anterior, al ser vendidas como esclavas o forzadas al concubinato hasta su muerte. En el caso de las prisioneras de guerra, estas formas de enajenación y violencia se daban, también, frecuentemente.

3.1. El futuro inmediato: mujeres y gestión del botín de guerra

Testigo de excepción de las campañas romanas, el historiador Polibio (acogido él mismo a la protección de los Escipiones durante su etapa de rehén en Roma) emplea indistintamente el verbo *dioikeo* y el sustantivo *oikonomía* para referirse a un mismo concepto: el conjunto de decisiones que debe tomar el general romano relativas al inventario, clasificación y destino de los prisioneros de guerra (Polibio, *Historias*, 10.19.7; 10.40.1). Ambas palabras poseían ya en el siglo II a. C. el significado de «administración», pero es llamativo que compartan una misma raíz alusiva de manera originaria a la gestión de los asuntos domésticos. En la lógica de la victoria, la autoridad militar romana se proyecta sobre un conjunto de individuos sometidos a una misma *potestas*, y el general adquiere, en consecuencia, plenos poderes para determinar el futuro de cada colectivo (fig. 5). En algunos casos (como en Cartago Nova tras la toma romana) se ordena la libre marcha de los ciudadanos locales, junto a sus esposas; se detiene a los dirigentes púnicos y se imponen por un determinado plazo de tiempo trabajos forzosos a otros colectivos en función de sus capacidades (artesanos, remeros). De igual modo, un año más tarde, con posterioridad a la batalla de Baecula, en el valle del Guadalquivir, los hispanos son liberados, mientras se opta por condenar a los africanos a la esclavitud. En situaciones de batalla

Fig. 5. Reverso de denario acuñado en 46-45 a. C., celebrando las victorias de César en la Galia (*RRC* 468/2). Trofeo con panoplia y *carnyces* (trompetas de guerra); a la izquierda, cautivo barbado arrodillado con las manos atadas a la espalda; a la derecha, cautiva sentada apoyando la cabeza en la mano izquierda. Foto: American Numismatic Society (<numismatics.org>).

campal, el número de mujeres apresadas debió de ser insignificante. No así cuando se producía la toma de una ciudad, donde la población civil residía y buscaba cobijo. Un importante volumen de prisioneras fue puesto a la venta en tales circunstancias, previa exhibición, a veces, en el desfile triunfal (fig. 6).

a) Venta y concubinato

Las supervivientes de las penalidades de la guerra serían contabilizadas, clasificadas e inventariadas junto al resto de las mercancías saqueadas. Poco después, la población femenina será vendida por los oficiales, a las órdenes del cuestor del ejército (el magistrado encargado de la contabilidad y las finanzas). Los beneficios obtenidos de la comercialización de los prisioneros de ambos sexos pasan a formar parte del botín (*praeda*), y son ingresados en el Tesoro oficial de Roma (el Templo de Saturno). Dado que el general tenía un poder discrecional (aunque no arbitrario y omnímodo) sobre la gestión del botín, a veces se destinaban tales

Fig. 6. Recreación histórica de personas exhibidas como cautivas. Puy du Fou History Theme Park. Foto: Amaury Laporte, Flickr, a través de Wikimedia Commons.

ganancias a repartos entre los soldados, unas pagas que podían ser realizadas tanto en especie como en moneda. Las ventas de prisioneros se llevaban a cabo apenas terminada la batalla para evitar los gravosos dispendios de alimentación, y a fin de mitigar en lo posible la pérdida del valor de la «mercancía» por enfermedad o fallecimiento. Una vez agrupada en lotes (por sexo, edad y procedencia), esta masa humana se ofrecía en una subasta pública, que se celebraba en el mismo campamento o en la ciudad elegida como cuartel general. Los mercaderes de esclavos (*mangones, mercatores venalicii*) acudían rápidamente, ya que formaban parte de la corte de población civil parasitaria de la vida castrense, en la que también se daban cita otros colectivos de aluvión, como los comerciantes, taberneros o prostitutas. Al adquirir los diversos lotes, los compradores tomaban la iniciativa a partir de ese momento, disponiendo por sus propios medios el traslado de los ya esclavos y su posterior gestión. El futuro de los nuevos *servi* pasaba por una transacción directa entre la cartera de clientes del mercader, o bien por su comercialización en los mercados de esclavos, que se localizarían permanentemente (o se celebrarían de manera periódica)

Fig. 7. Gustave Boulanger, *Un tratante de esclavos en Roma* (o *El mercado de esclavos*). Col. Privada. Foto: Wikimedia Commons.

en las principales ciudades de cada provincia. Entre los mercados más pujantes se encontraba el de la propia Roma, donde la compraventa se realizaba sin demasiadas preguntas (fig. 7).

Eludían el procedimiento de venta inmediata (aunque no con mejor suerte) algunas personas o colectivos humanos que estaban destinados a recibir un trato específico, en razón de su género, edad, condición social o nivel de responsabilidad. Algunas mujeres escaparon de caer en manos de los traficantes para pasar a formar parte, en calidad de concubinas, del séquito de los generales. Un célebre pasaje de Polibio, seguido por Livio y otros autores, ilustra sobre esta particularidad. Nos hallamos ante un conjunto de textos que debe analizarse con precaución, ya que los relatos están no solo sometidos a reelaboración literaria, sino fuertemente escorados para subrayar, mediante el recurso a la anécdota ejemplarizante, las supuestas virtudes de Escipión Africano. Se cuenta, en definitiva, que poco después de la conquista de Cartago Nova, ciertos jóvenes (se trataba de soldados según Livio) ofrecieron al general como

Fig. 8. Vincenzo Camuccini, *La continencia de Escipión*. Viena, Kunsthistorische Museum. Foto: Wikimedia Commons.

regalo una cautiva «que destacaba sobre las demás mujeres en primor y belleza» (Polibio, *Historias*, 10.19.3), «una doncella de tan extraordinaria hermosura que allí donde estuviera atraía todas las miradas» (Livio, *Historia de Roma*, 26.50.1) (fig. 8, texto 2). Lo inusual de la noticia no es el hecho en sí, pues los autores antiguos mencionan la entrega de la muchacha sin extrañarse por esta práctica. El aspecto sorprendente para ellos es el rechazo de semejante regalo. En efecto, Escipión declinó el ofrecimiento, dice Polibio, pese a sentirse atraído por la joven. El general comentó que ningún regalo le hubiera gustado más si fuera una persona privada, pero que, al tratarse de un jefe militar, era lo último que aceptaría. Polibio, constatando la ambigüedad de esta respuesta, se pregunta, no sin cierta extrañeza, por los motivos de fondo para el rechazo, y especula que este pudo deberse más a razones de carácter físico (cansancio por los rigores de la guerra; edad del general) o psicológico (riesgo de pérdida de concentración para la toma de decisiones militares) que a consideraciones morales, indicando que, de haberse tratado de un joven ocioso, la respuesta hubiera sido distinta. Nuestra fuente griega añade que, finalmente, Escipión llamó al padre de la muchacha y se la devolvió para que pudiera casarla.

TEXTO 2.
LA LIBERACIÓN DE UNA CAUTIVA EN CARTAGO NOVA SEGÚN POLIBIO

Polibio, *Historias*, 10.19.3-7 (trad. M. Balasch Recort, Gredos, Madrid, 1981, 375)

«Fue en aquella ocasión cuando unos soldados romanos muy jóvenes encontraron a una muchacha en la flor de la edad y que, en belleza, superaba a las demás mujeres. Sabían que Publio Cornelio era mujeriego, y fueron a su encuentro con la joven, diciéndole que se la entregaban. Él se sorprendió, admirado de aquella beldad, les dijo que de ser soldado raso, no hubiera habido regalo que hubiera aceptado más complacido. Sin embargo, él era el general, y no había obsequio que pudiera aceptar menos. Con ello dio a entender —al menos a mí me lo parece— que estas cosas proporcionan a los jóvenes un gusto y un pasatiempo alguna vez, a saber, en tiempos de ocio y de relajación; en cambio, en épocas de acción son un gran obstáculo tanto corporal como espiritual para los que las llevan a cabo. A sus soldados les dijo que les quedaba agradecido; mandó llamar al padre de la joven y se la entregó con la recomendación de que la casara con el conciudadano que le pareciese bien. Con tal mesura y continencia, se ganó la estima de sus subordinados».

El pasaje polibiano debe entenderse en un contexto de elaboración de una serie de virtudes morales teóricamente propias de la aristocracia romana, como la *continentia* (moderación) o la *frugalitas* (austeridad), verdaderos clichés que se colocan, como etiquetas, junto a distintos personajes referenciales. Dada la proximidad del citado autor griego con los Escipiones, no es de extrañar que tales rasgos encomiables se relacionen con miembros de esta familia o con sus partidarios, siendo después asumidos y amplificados por otras fuentes. Así, Livio nos dice que Emilio Paulo (padre biológico de Escipión Emiliano), trató a la hija y al hijo pequeño de Perseo (el rey de Macedonia, vencido en la batalla de Pidna en 168) con exquisito respeto. Por su parte, Apiano alude —en la misma línea— al rechazo a la presencia femenina en el interior de los campamentos por Escipión Emiliano, cuando este asume, en el 134 a. C., el mando de las operaciones contra Numancia. Sus nuevas ordenanzas impusieron entonces la expulsión de las prostitutas fuera del recinto militar, además de los mercaderes, adivinos y sacrificadores. Más allá de la credibilidad de esta medida concreta en ese específico momento, lo cierto es que esta mezcolanza de civiles en los campamentos se daba de manera habitual. Lo ignoramos todo acerca de este colectivo femenino, pero los paralelos etnográficos nos inclinan a pensar que se trataba de población en su mayoría local y no necesariamente servil. O, por mejor decir, de población reducida a la servidumbre del hambre.

b) Mujeres y celebración de la victoria: el desfile triunfal

Algunos prisioneros de guerra vieron cómo se demoraba la decisión sobre su futuro, al ser reservados en primera instancia para desfilar en la comitiva del triunfo por las calles de Roma. Tal fue el caso los cincuenta numantinos seleccionados por Escipión Emiliano en 133 a. C. tras la caída de la ciudad arévaca. De entre los supervivientes, este grupo fue el único que eludió la esclavitud inmediata. El objetivo de la medida era representar en la procesión al conjunto del ejército derrotado, poniendo de manifiesto su fiereza, para de este modo subrayar el mérito de la victoria del general romano (fig. 9). Es probable que la composición de estos grupos de vencidos fuera eminentemente masculina, aunque, como veremos, en otras secciones de la comitiva aparecen también mujeres. Los prisioneros se arrastraban junto a sus jefes militares o líderes políticos cautivos. Todos ellos habían permanecido confinados hasta el momento del gran desfile, que en ocasiones se celebraba años después de la batalla final. No resulta difícil imaginar las sensaciones de estos infortunados: su larga y desesperanzada reclusión, el duro viaje (por tierra o mar) hasta la capital, el griterío, los insultos, las agresiones padecidas durante el interminable recorrido triunfal por las calles atestadas de gente, y, finalmente, la prisión, la venta

Fig. 9. Andrea Mantegna, *Los triunfos de César*. 7: *Los prisioneros*. Londres, Royal Collection at Hampton Court Palace. Foto: Wikimedia Commons.

en subasta o, incluso, la ejecución pública, un desenlace que acaso resultara para muchos su único horizonte de sosiego.

En época republicana, la presencia femenina en los desfiles triunfales se sitúa en dos polos opuestos. Por una parte, las mujeres romanas asisten como espectadoras a la procesión, interactuando con gritos y aclamaciones. Este papel activo, aunque no protagonista, ya se había dado en las fases previas de la celebración, cuando a las primeras noticias de la victoria le sucedieron los festivos rituales de acción de gracias (*supplicationes*). En ese momento, las mujeres y los niños, vestidos todos con sus mejores galas, recorrían los templos de la ciudad, abiertos para la ocasión y decorados con guirnaldas y flores.

Fig. 10. Carle (Antoine Charles Horace) Vernet, *El triunfo de Emilio Paulo.* Nueva York, The Metropolitan Museum of Art. Foto: Wikimedia Commons.

Por otra parte, en extremo contraste con la población vencedora, otras mujeres, las enemigas, las víctimas, desfilaban exhaustas ante sus ojos, perdida ya toda esperanza. El gran espectáculo triunfal atrajo lógicamente la atención de los cronistas y los historiadores. Debido a ello, contamos con numerosas descripciones de procesiones romanas. Una de las celebraciones de mayor relevancia (por su riqueza y por los tres días de duración) fue el desfile del general Emilio Paulo en 167 a.C. con motivo de su victoria sobre el rey Perseo de Macedonia el año anterior (fig. 10). Justo delante del carro triunfal recorrió las calles de Roma el monarca derrotado, junto a doscientos cincuenta oficiales de su ejército. Acompañaban al rey, además de su propio hermano, Filipo (al que Perseo había adoptado como hijo), sus dos descendientes biológicos: un niño (Alejandro) y una niña (cuyo nombre desconocemos), frutos de su segundo matrimonio con la princesa siria Laódice. La tierna edad de los pequeños conmovía a los espectadores, relata Plutarco. Volveremos más adelante sobre el destino que esperaba a estos personajes.

Las mujeres aparecen en otros desfiles triunfales, como el celebrado ese mismo año sobre la región de Iliria, en el que desfiló

una familia real al completo: junto al monarca, Gencio, su esposa y sus hijos. Un ejemplo en el que la presencia femenina se dio en abundancia fue el tercer desfile triunfal de Pompeyo celebrado en el 61 a.C. En su biografía del famoso general, Plutarco describe con detalle el desarrollo del espectáculo, que duró, en esta ocasión, dos jornadas. Desfilaron numerosos mandatarios de pueblos sometidos a lo largo de diferentes guerras. Entre las mujeres se encontraban la nuera y las nietas del rey Tigranes de Armenia, la propia esposa de este, Zósima, una hermana de Mitrídates del Ponto y algunas mujeres (reinas) escitas. Esta nómina se completa (o contrasta) con las referencias de Apiano, que cifra en trescientas veinticuatro las personas exhibidas. Destaca la presencia de dos hijas de Mitrídates, llamadas Orsabaris y Eupatra. Acompañaban a la comitiva grandes cuadros en los que se representaban los principales lances de guerra, incluyendo una recreación artística de la muerte de Mitrídates, con el retrato de las hijas que eligieron seguir su trágico destino. Otras pinturas retrataban a los vástagos —masculinos y femeninos— del rey del Ponto que habían perecido antes de él. En suma, los desfiles eran un compendio del «poder de las imágenes» al servicio de la magnificación de la victoria (texto 3).

TEXTO 3.
CAUTIVAS EN EL DESFILE TRIUNFAL
DE POMPEYO SEGÚN PLUTARCO

Plutarco, *Pompeyo* 45.2-4 (trad. S. Bueno Morillo, Gredos, Madrid, 2007, 350-351)

«Aunque el triunfo se repartió en dos días, este tiempo no fue suficiente para su magnitud, y fueron excluidos del espectáculo muchos de los objetos que habían sido preparados y que hubieran bastado para honrar y adornar cualquier otro cortejo. Inscripciones llevadas a la cabeza de la comitiva indicaban las naciones sobre las que Pompeyo había triunfado, que eran las siguientes: el Ponto, Armenia, Capadocia, Paflagonia, Media, la Cólquide, los iberos, los albanos, Siria, Cilicia, Mesopotamia, Fenicia, Palestina, Judea, Arabia y todos los piratas que habían sido vencidos por tierra y por mar. Según las inscripciones, en estas naciones había tomado no menos de mil fortalezas, casi novecientas ciudades y ochocientas naves piratas, y había fundado treinta y nueve ciudades. [...].

Los prisioneros conducidos en el cortejo fueron, además de los jefes de los piratas, el hijo de Tigranes el Armenio junto a su esposa y su hija; Zósima, la esposa del propio rey Tigranes; Aristóbulo, el rey de los judíos; una hermana, cinco hijos y las esposas escitas de Mitrídates; rehenes de los albanos, de los iberos y del rey de Comagene».

Las vejaciones materiales y físicas que sufrían los cautivos durante el recorrido del desfile triunfal resultan anecdóticas en comparación con la humillación moral que suponía para una princesa helenística rebajarse a tal abismo de ignominia. La efímera reina egipcia Arsínoe, hermana menor de Cleopatra, fue exhibida en el desfile triunfal celebrado por César en el 46 a. C.

Fig. 11. Jacopo Tintoretto, *Sofonisba*. Tolouse, Bemberg Fondation. Foto: Wikimedia Commons.

Cuenta Dion Casio que el espectáculo de la joven encadenada —algo que nunca había sido visto en Roma— impresionó a los espectadores. Por contraste, las fuentes afirman que Cleopatra prefirió morir salvaguardando la dignidad de una reina antes que conservar la vida y degradarse ante las pretensiones del joven César (Octaviano). Este deseaba a toda costa exhibir a Cleopatra como cautiva en su desfile triunfal del 29 a. C. A tal efecto, despachó a dos hombres de confianza, que lograron capturar a la reina en el transcurso de una audiencia. La muerte por suicidio, último acto de libertad y de venganza, conferirá a Cleopatra, paradójicamente, su deseada condición de personaje eterno, y privará a Octaviano de la satisfacción de verla encadenada en el desfile. El romano tendrá que conformarse con mostrar un gran cuadro que representaba a Cleopatra en el momento de su fallecimiento, tendida sobre un lecho. Actualmente, se discute acerca de si se trató realmente de un suicidio, ya que existía el temor de que la presencia en Roma de la reina suscitara simpatías. Sin entrar aquí en esta cuestión, sabemos que, entre los cautivos de

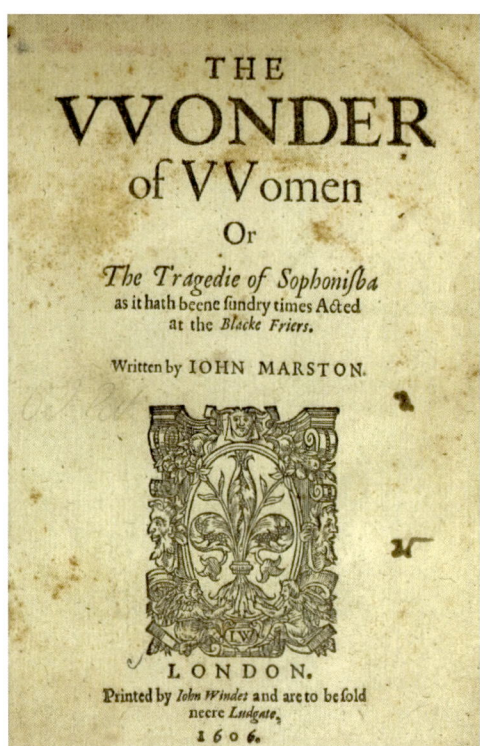

THE
VVONDER
of VVomen
Or
The Tragedie of Sophonisba
as it hath beene sundry times Acted
at the *Blacke Friers.*

Written by IOHN MARSTON.

LONDON.
Printed by *Iohn Windet* and are to be sold
neere *Ludgate,*
1 6 0 6.

Fig. 12. Portada de la primera edición *The Wonder of Women, or the Tragedie of Sophonisba*, John Marston. Londres, 1606. Foto: Wikimedia Commons.

sangre real, sí desfiló entonces su hija de once años: Cleopatra Selene II, fruto de las veleidades egipcias de Marco Antonio, con su gemelo, Alejandro Helios, y su otro hermano, aún más niño, Ptolomeo Filadelfo.

La drástica determinación de la reina egipcia (si aceptamos la versión tradicional) no parece haber sido un caso aislado. El suicidio de los vencidos se constata aquí y allá a lo largo de los años de expansión romana. El paralelo más claro es, desde luego, el de la desdichada Sofonisba, que decidió poner fin a sus días antes que participar como cautiva en el desfile triunfal de Escipión Africano (201 a. C.) (fig. 11). Sofonisba era hija del general cartaginés Asdrúbal Giscón y, según algunas versiones, había sido prometida en matrimonio al caudillo númida Masinisa (uno de los múltiples casos de la denominada «diplomacia de parentesco». Por conveniencias del poder, fue sin embargo entregada a otro líder númida, Sífax, que viraría apoyando a Cartago en la guerra frente a Roma. Al final del conflicto, Sofonisba fue hecha prisionera por Masinisa, aliado de Escipión. Este, inmediatamente, la solicitó para exhibirla como cautiva en el desfile triunfal. El argumento para la dolorosa petición era tan simple como dramático: «su mujer, reino, campo, ciudades fortificadas y habitantes: todo lo que perteneció a Sífax es botín (*praeda*) del pueblo romano» (Livio, *Historia de Roma*, 30.14.9). Según diversas versiones, Sofonisba optaría, como Cleopatra años después, por el suicido, convirtiéndose en una fuente de inspiración literaria (fig. 12).

3.2. La situación a medio y largo plazo

Como hemos visto, el destino de muchas prisioneras de guerra fue la esclavitud de por vida, separadas de su familia, alejadas de sus referentes geográficos, sociales y culturales. Esta verdadera deshumanización se concreta en el término griego *andrapodismos*, alusivo a la conversión de la persona en simple mercancía que puede comprarse y venderse.

El paradero final de tales personas no siempre puede conocerse. Sabemos que la población lusitana (entre la que sin duda estarían las mujeres) rendida en el 149 a. C. al general Sulpicio Galba había sido trasladada a la Galia (¿Cisalpina?), para ser, a su vez, puesta a la venta. Pese a diversos intentos de revertir la injusta decisión de Galba, incluyendo una intervención del ya anciano Catón en el que fue, probablemente, el último discurso de su vida, parece que nunca se logró aprobar una ley para devolverles la libertad y reintegrarles a sus lugares; medida que, en todo caso, hubiera comportado el pago de indemnizaciones a sus actuales propietarios. Estas iniciativas sí tuvieron éxito en algunos casos, como el de los ligures que, ilegalmente esclavizados tras su rendición, fueron recomprados por el Estado romano a fin de liberarles y de restituirles sus propiedades.

Por otra parte, algunos autores modernos han planteado la posibilidad de que los más de cuatro mil hijos e hijas de soldados romanos y mujeres hispanas mencionados por las fuentes hubieran sido fruto de abusos por parte de los militares. La realidad es que desconocemos el grado de voluntariedad de tales uniones. Livio se limita a señalar que en el 171 a.C. llegó a Roma una delegación de hispanos solicitando un reconocimiento de su estatus diferenciado, ya que se trataba de *hybridae*, «un nuevo tipo de personas», que no eran del todo extranjeras ni romanas. El senado, en efecto, les reconoció su especificidad otorgándoles la semiciudadanía y les entregó una ciudad para vivir: la colonia latina de Carteya (bahía de Algeciras).

Por lo que respecta a las cautivas nobles, pertenecientes al entorno real, que fueron exhibidas en los desfiles triunfales, habrían sido posteriormente confinadas en Italia, bajo diversos regímenes de control. Las peripecias y los cambios forzosos de ciudad de residencia parece que se dieron con cierta asiduidad. El grupo del rey Gencio (que incluía, como vimos, a su mujer y al conjunto de sus hijos) fue enviado al remoto Espoleto, cerca de Perugia, para ser puesto en custodia, pero los habitantes no se responsabilizaban de la vigilancia de la familia, y los cautivos tuvieron que ser reubicados en la cercana Iguvio. En el caso de la familia del rey Perseo, su esposa, Laódice V, habría logrado refugiarse en Siria, pero la hija de ambos es posible que acompañara al padre en su cautiverio junto a sus hermanos Alejandro y el adoptivo Filipo. Livio indica que, tras la captura, la niña y Alejandro recibieron trato de personas libres, siendo trasladados de Samotracia a Anfípolis, en Grecia. Pero si asumimos, como sugieren otras fuentes, que los pequeños acompañaron a su padre, debemos pensar que fueron recluidos en una prisión de Alba Fucens, en Italia Central, región de los Abruzos (mismo destino de otros mandatarios, como Sífax de Numidia o el galo Bituito). Diodoro de Sicilia nos describe el lugar como una mazmorra subterránea de tamaño análogo al de un salón para nueve comensales, un antro oscuro y ruidoso en el que pululaban muchos condenados por delitos de sangre. Durante siete días lucharon hasta el borde de la muerte por inanición e insalubridad. Posteriormente, fueron trasladados a otro emplazamiento, aunque tampoco exento de incomodidades, en el que Perseo acabaría sucumbiendo dos años después, según se afirma, torturado

Fig. 13. Jacopo Tintoretto, *La liberación de Arsínoe*. Dresde, Gemäldegalerie Alte Meister. Foto: Wikimedia Commons.

por el ruido de sus custodios, que le impedía conciliar el sueño, o bien por hambre o suicidio. Dos de sus hijos perecieron también. El biógrafo Plutarco indica que el único superviviente fue Alejandro, quien, tras su liberación, se hizo orfebre y aprendió a leer y escribir en latín con la suficiente elegancia como para llegar a ser secretario de los magistrados. En otros casos, el destino jugó una mala pasada a las cautivas, que no pudieron eludir un final trágico. La hermana de Cleopatra, Arsínoe, tras desfilar en Roma, fue perdonada por César y se refugió en el famoso santuario de Artemisa en Éfeso. Allí, acogida a sagrado, buscó la protección frente a Marco Antonio, quien ordenaría finalmente su asesinato, quebrantando la inviolabilidad del templo (fig. 13).

No siempre el destino de los y las jóvenes aristócratas extranjeras se tiñó de semejante sufrimiento. Algunos recibieron a veces una educación exquisita, constituyendo una nueva generación

Fig. 14. Reverso de un denario acuñado por Juba II de Mauretania con la efigie de su esposa, Cleopatra Selene II. En la leyenda, junto al nombre («Kleopatra»), se indica su condición de «basili(cca)», es decir, «reina». Foto: Biblioteca Nacional de Francia.

que desempeñaría un papel esencial en la política exterior del Estado romano. Cabe recordar el caso de Cleopatra Selene, que fue recibida en Roma por Octavia, la hermana de Augusto (¡y exmujer de Marco Antonio!), quien se encargó de su educación. Una década después, la joven princesa sería entregada en matrimonio a Juba II de Mauritania (cautivo también, y educado en Roma), asegurando de este modo el control sobre este reino satélite (fig. 14).

La diferenciación entre prisioneros de guerra y rehenes tiende a diluirse en estos casos. Resulta sugerente, a este respecto, un pasaje de Apiano sobre el triunfo de Pompeyo. Al anunciarnos la lista de personalidades forzadas a desfilar a mayor gloria de Roma (o, más bien, de su procónsul), el historiador de Alejandría escribe: «marchaban todos cuantos sátrapas, hijos y generales de los reyes, contra los que él había luchado, estaban presentes, unos, como prisioneros de guerra y otros, cedidos en calidad de rehenes». Es oportuno, por tanto, que estudiemos a continuación esta última figura, cuya vigencia se prolongó en el tiempo mucho después de las celebraciones de la victoria.

4.
Una práctica diferenciada: la toma de rehenes

Con frecuencia, el término rehén es objeto de confusión en lo relativo al mundo greco-romano. Su significado antiguo es claramente diferente de la acepción contemporánea. Si en nuestros días la palabra rehén se asocia a una retención forzosa con el objetivo de conseguir una determinada exigencia bajo amenaza de agresión, en la expansión romano-republicana la toma de rehenes posee una naturaleza fundamentalmente diplomática. Con esta afirmación no pretendemos defender la inexistencia de coacción implícita, sino subrayar el papel prioritario de los rehenes como símbolo viviente de la sumisión de una comunidad política a otra.

La toma de rehenes por Roma se produjo en dos circunstancias muy concretas. Por un lado, como garantía de seguridad en una tregua, mientras se negociaban las condiciones de paz (en cuyo caso, teóricamente, el envío de rehenes debería ser recíproco); por otro, tras la finalización de un conflicto (con la entrega asimétrica, únicamente por parte de los vencidos). Numerosos tratados internacionales de Roma contemplan este último escenario, como, por ejemplo, el articulado de la Paz de Apamea (188 a. C.), que supone el inicio de la hegemonía romana en Siria. El texto es transcrito casi literalmente por Polibio (*Historias*, 21.43): «Que Antíoco entregue veinte rehenes y que vaya cambiándolos cada tres años; que no cuenten menos de dieciocho años ni más de cuarenta y cinco». Esta medida fue también ampliamente utilizada por el bando romano durante las campañas en el occidente mediterráneo, incluyendo la península ibérica. En el ámbito hispano, contamos con numerosos ejemplos de solicitud / recepción de rehenes, llegando a afirmar Livio (*Historia de Roma*, 28.34.7) que era una práctica inveterada entre los romanos. Pero cabe recordar que otros muchos pueblos de la Antigüedad conocían también esta costumbre, como los galos, que intercambiaban rehenes en calidad de garantía de fidelidad al instituir alianzas militares, o bien los entregaban a otros mandatarios como emblema de sometimiento.

Por lo que respecta a la extracción social, el Estado vencedor sería a veces el encargado de seleccionar a los rehenes del vencido, procurando escoger a aquellas personas más cercanas al o a los que desempeñaban las máximas funciones políticas y militares (hijos de reyes, etc). En cuanto al género de dichos rehenes, se trata de un aspecto problemático. La presencia femenina en las fuentes es elusiva. Nuestros informantes aluden en plural a *homeroi / obsides*, sin mayor precisión, por lo que debemos preguntarnos si se solicitaron realmente mujeres como rehenes en la Roma republicana.

Contamos, al menos, con algunos textos que mencionan a mujeres romanas actuando como rehenes, pero se trata de tradiciones legendarias ambientadas en la época arcaica y relacionadas con la etapa turbulenta del final de la monarquía en Roma. Por ello, su credibilidad dista de ser clara. Un conjunto de rehenes femeninas aparece mencionado en el contexto del conflicto bélico con el rey etrusco Porsenna, que intervino militarmente en apoyo de Tarquinio el Soberbio, una vez que el último rey romano fue depuesto (fig. 15). El incidente, que datamos convencionalmente en torno al 508 a.C., nos aparece recreado en Livio. Porsenna había colocado una guarnición en la colina romana del Janículo, y exigió y obtuvo rehenes romanas a cambio de retirarla. Entre ellas se encontraba una mujer joven, Clelia. Y no se trataba de la única: un grupo de muchachas la siguió cuando, burlando a sus custodios, logró escapar de vuelta a casa. Pero las autoridades romanas se enojaron tanto como el rey etrusco, dado que esta iniciativa, totalmente autónoma, daba al traste con el acuerdo de paz. Al final, obligadas por sus propios compatriotas a regresar ante Porsenna, este las liberó en reconocimiento a su coraje. Ningún ingrediente tópico falta en esta novelita de Livio, orientada, como otras, a evocar los supuestos valores identitarios de Roma encarnados en sus élites rectoras. Otros autores antiguos recogen, con variantes, la misma leyenda, que tuvo un gran eco en la Antigüedad precisamente por su carácter ejemplarizante.

Fig. 15. Jacques Stella, *Clelia cruzando el Tíber*, París, Museo del Louvre. Foto: Wikimedia Commons.

Si, en la aventura de Clelia, no fueron los romanos sino los etruscos quienes reclamaron (o aceptaron) rehenes femeninos, a primera vista nada impediría suponer que la posibilidad de solicitar mujeres como rehenes se planteara también cuando las autoridades de la República actuaban como potencia superior. Las esposas y las hijas de los mandatarios sometidos podrían desempeñar perfectamente estas funciones dada su cercanía a los dirigentes, generando un efecto de coacción cimentado en los lazos afectivos que las vinculaban a estos. Y, sin embargo, las diversas fuentes que se conservan sobre la solicitud de rehenes en este periodo histórico no nos hablan claramente de mujeres. ¿Estaban estas de nuevo ocultas bajo la terminología generalizadora de nuestros escritores clásicos? Para complicar aún más las cosas, un texto de Suetonio afirma con pasmosa rotundidad que fue Augusto el primero que cambió las reglas del juego, al instaurar en Roma la costumbre de pedir también mujeres como rehenes. En efecto, tras aludir a las campañas de Augusto contra diversos pueblos «bárbaros», indica el citado escritor que el *Princeps* decidió solicitarles «una verdaderamente nueva modalidad de rehenes: sus mujeres» (Suetonio, *Augusto*, 21.2), habiendo concluido por experiencia —afirma— que los bárbaros cumplían poco sus compromisos cuando habían entregado rehenes masculinos. ¿Podemos pensar, entonces, que las esposas e hijas de los líderes sometidos a Roma no fueron empleadas en época republicana para esta finalidad? Particularmente, consideramos esta opción como improbable, aunque la respuesta sigue abierta.

4.1. Un caso célebre: las rehenes femeninas de Cartago Nova

Estudio aparte merecen las noticias sobre la gestión del botín con posterioridad a la toma de la estratégica ciudad de Cartago Nova por Escipión Africano en el 209 a. C., acontecimiento ya referido. La táctica de «guerra relámpago» empleada por el ejército romano había logrado no solo privar a los púnicos de su principal base mediterránea de Iberia, sino acceder a una ingente presa (incluyendo probablemente un convoy destinado a los ejércitos de Aníbal en Italia). Tomada la ciudad al asalto, en medio del trasiego de mercancías y botines, una vez decidido el futuro de los prisioneros, Escipión recibe a un colectivo muy particular. Averiguamos entonces que los cartagineses custodiaban en la ciudad a una serie de «rehenes» (*homeroi*) procedentes de diversos núcleos de la península ibérica. La cifra de personas retenidas era muy considerable: más de trescientas según Polibio (fig. 16). Convocados todos a una multitudinaria audiencia, el general romano se dirige inicialmente a los niños, a los que acaricia uno a uno para ganar su confianza, prometiéndoles que no tardarían mucho en ver a sus padres (de donde cabe deducir que algunos mandatarios habían entregado únicamente a sus hijos, sin sus progenitores). Después apela al resto del colectivo, y ruega que escriban a sus hogares comunicándoles su pronta liberación, vinculada a un compromiso de alianza con Roma. Finalmente, vuelve a los niños y les entrega regalos. Por supuesto, es imposible saber si las cosas sucedieron exactamente así, pero esta es la secuencia de acontecimientos que se articula en el relato de nuestra fuente, cercana, como ya señalamos, a la familia de los Escipiones.

Hasta aquí, nada habríamos sabido de la presencia femenina entre los rehenes. Polibio usa el plural masculino genérico para referirse a la población infantil. Y, sin embargo, constatamos —al menos en este caso— que las féminas estaban muy presentes. Añade el historiador griego que el general reservó del botín algunos objetos y que los repartió a los niños como regalos «de acuerdo con sus edades y sexos: regaló a las niñas joyas y brazaletes, y a los niños espadas y puñales» (Polibio, *Historias*, 10.18.6). A la existencia de niñas entre el colectivo de rehenes se suma la de mujeres en edad adulta, que conocemos a través de la intervención posterior de la esposa del mandatario ibérico Mandonio. Pertenecían también al grupo de rehenes sus jóvenes sobrinas, hijas de Indibilis, y las descendientes de otros líderes, así como la esposa e hijos (genérico) del poderoso jefe Edecón. En todo caso, no deja de ser irónico que en Cartago Nova los rehenes casi totalmente silenciados por las fuentes sean los masculinos, lo cual constituye una nueva llamada a la prudencia del historiador moderno.

La mujer de Mandonio toma la palabra ante Escipión representando al conjunto de las féminas. Significativamente, no conocemos el nombre de esta dama, a la que solo se alude como como «esposa de». Esta aparece caracterizada con los habituales gestos y emociones que las fuentes clásicas emplean con relación a las suplicantes femeninas: postración corporal y profusión de lágrimas. Tratando de no abandonar el decoro propio de su rango,

Fig. 16. Pieter-Jozef Verhaghen, *La clemencia de Escipión*. Foto: Wikimedia Commons.

la aristócrata ibera expone su preocupación por la seguridad del colectivo femenino, una inquietud fundamentada en la amenaza de abusos sexuales. Pensamos que puede encontrarse una explicación para este temor. El rápido cambio de manos de Cartago Nova había supuesto la desaparición de la autoridad púnica. Con tal vacío de poder, los rehenes hispanos que eran retenidos en la ciudad por los cartagineses habían perdido su estatus (que confería, al menos teóricamente, una esfera de protección institucional) para formar parte, ahora, del botín romano. Significativamente, Polibio se refiere a la esposa de Mandonio como «una de las cautivas». Tales mujeres no eran ya, para Roma, rehenes (por cuanto no habían sido solicitadas por la potencia itálica), y, por lo tanto, Escipión no estaba obligado a la observancia de medidas excepcionales de protección para ellas. El general romano optó, entonces, por la liberación de estas personas y su devolución a las comunidades de origen. Las fuentes literarias antiguas y los autores modernos han valorado esta decisión como un alarde de sagacidad política, dado que tal medida se interpreta como una forma de atraerse a las comunidades indígenas que, desde aquel momento, pasarían a apoyar al bando romano. Ciertamente, detrás de la iniciativa se encuentra un deseo por redefinir la relación con los hispanos, ahora en términos de una gran alianza anticartaginesa liderada por Roma. Los regalos a los hijos o sobrinos de los líderes están cargados de significación diplomática, y contamos con numerosos paralelos acerca de su intencionalidad (un ejemplo: los regalos de Escipión al sobrino de Masinisa para atraerse a este). Pero tampoco tenemos que olvidar que algunos de los mandatarios que recuperaron a sus esposas e hijas (como los ilergetes Indibilis y Mandonio) se sublevarían contra Roma apenas dos años después. La realidad, a nuestro juicio, es que Escipión no tenía más salida que reintegrar esos rehenes a sus comunidades, al haber quedado el grupo en un limbo jurídico. La defección prorromana de núcleos hispanos se debió más a cálculos estratégicos ante el nuevo rumbo de la guerra que al entusiasmo por la liberación de los familiares. Pese a su amplio recorrido en la cultura occidental (incluida la historia de la pintura y de la ópera galante) el ya aludido tópico de la «clemencia de Escipión» debiera, pues, relativizarse.

El incidente de Cartago Nova nos permite conocer que, al menos en la práctica diplomática púnica, la solicitud de mujeres como rehenes era habitual. La presencia femenina tiene toda la lógica, debido a su proximidad a los mandatarios hispanos, al tratarse de las esposas o hijas de estos. En definitiva, eran personalidades del más alto rango social, que desempeñarían perfectamente su función en el lenguaje político del imperio ibero-cartaginés. Sus núcleos de procedencia, forzados ahora a la polarización de la Segunda Guerra Púnica, proporcionarían a los ejércitos de Aníbal recursos económicos, apoyo logístico y ayuda militar. Los rehenes se habrían solicitado en distintos momentos. En el bando cartaginés, se mencionan con motivo de la campaña de Aníbal en el Duero del 221 a. C. Se ha defendido también que este empleó como rehenes a diversos colectivos para asegurar la fidelidad ibérica en los preparativos de su expedición a Italia. Sabemos que las hijas de Indibilis fueron reclamadas por Asdrúbal Giscón en el 211 a. C., de donde se concluye que las jóvenes no habrían alcanzado aún los dos años de reclusión en el momento de la toma romana de Cartago Nova.

Conclusión

Las mujeres, los niños y los ancianos fueron en la Antigüedad, igual que hoy, víctimas frecuentes de la violencia armada y de la miseria —física, económica y moral— que todo conflicto bélico acaba engendrando. El cautiverio femenino se produjo en diversas circunstancias. La primera por volumen de personas afectadas fue la guerra abierta, que comportó la detención masiva de población civil. Las acciones de bandidaje y piratería supusieron también un goteo de secuestros a lo largo de buena parte de la Roma republicana. Paralelamente, las mujeres se convertirían en víctimas del caos en situaciones de conflicto, siendo uno de los objetivos prioritarios de los pillajes realizados por grupos de combatientes fuera de control. Un número indeterminado, pero sin duda alto, de mujeres fue maltratado y pereció en tales circunstancias críticas. Muchas otras, reducidas al cautiverio, morirían después por las heridas, la enfermedad o el hambre. Pocas regresarían. El hogar, las casas, las aldeas: el universo que dejaron atrás había desaparecido para siempre.

Fuentes y bibliografía comentada

Para la confección de esta síntesis hemos entretejido los datos procedentes de la documentación antigua con los análisis realizados por historiadores modernos. Conforman los primeros un conjunto heterogéneo de informaciones. Destaca, por su proximidad a los hechos que narra y por su profunda inteligencia política, el autor en lengua griega Polibio de Megalópolis (s. II a. C.), así como, ya en latín, la célebre *Historia de Roma* de Tito Livio, contemporáneo de Augusto (s. I a.C. – I d. C.). En este caso, podemos hablar de una fuente secundaria, por cuanto Livio no fue testigo en buena medida de los acontecimientos que narra, y se basó en autores intermedios (hoy casi totalmente perdidos). Esta misma circunstancia se dio en historiadores helenófonos de época tardorrepublicana —Diodoro de Sicilia (s. I a.C.)— e imperial, como Apiano de Alejandría (s. II d. C.) y Dion Casio (s. II-III d. C.), y entre los biógrafos Plutarco y el latino Suetonio (ambos del s I-II d. C.). Pero la Historia Antigua no es una disciplina basada solo en fuentes literarias, sino que obtiene información a través de la epigrafía (el estudio de las inscripciones), la numismática y la arqueología. En nuestro texto, hemos hecho referencia a una importante inscripción jurídica en bronce procedente de la provincia de Cáceres (Acta de rendición de Alcántara) que menciona la existencia de cautivos. Incorporamos también algunas imágenes de monedas que ilustran diversos aspectos de la cuestión.

En cuanto a la bibliografía moderna, contamos, por una parte, con numerosas obras sobre la aplicación de la violencia en la Antigüedad, y, por otra, acerca del estatus de la mujer. Un selecto grupo de trabajos combina ambas aproximaciones, ofreciendo perspectivas y conclusiones inspiradoras. Tal es el caso (por orden cronológico) de las aportaciones españolas debidas a Jaime Alvar Ezquerra, (2000) «El sexo y la edad en la derrota: los romanos en Hispania», en María del Mar Myro, Juan Miguel Casillas, Jaime

Alvar y Domingo Plácido (eds.), *Las edades de la dependencia*, Madrid, 363-384, y también a Borja Antela Bernárdez (2009) «Vencidas, violadas, vendidas: mujeres griegas y violencia sexual en asedios romanos», *Klio* 91, 2009, 307-322. Un gran estudio de conjunto es el de Alberto Pérez Rubio (2013), «Mujer y guerra en el Occidente europeo (siglos III a. C.-I d. C.)», en Jordi Vidal Palomino y Borja Antela Bernárdez (eds.) (2013), *Más allá de la batalla. La violencia contra la población en el mundo antiguo*, Barcelona, 97-126. Por último, para una aproximación diacrónica y comparativa, puede consultarse, entre otras muchas obras, Elizabeth D. Heineman (ed.) (2011), *Sexual Violence in Conflict Zones. From the Ancient World to the Era of Human Rights*, Filadelfia.

Acerca de los rigores de la guerra en la época de la República romana y de su repercusión sobre el conjunto de la población civil, existe una amplia bibliografía. Como obra de conjunto, destaca el libro de Nathalie Barrandon (2018), *Les massacres de la République romaine*, París. Es interesante también la obra colectiva de Francisco Marco Simón, Francisco Pina Polo y José Remesal Rodríguez (eds.) (2012), *Vae Victis! Perdedores en el mundo antiguo*, Barcelona. Una serie de artículos científicos ha incidido en determinados aspectos de esta problemática, como el debido a Francisco Gracia Alonso (2006) «¡Ay de los vencidos! Las consecuencias de la guerra protohistórica en la península ibérica», *Cypsela* 16, 65-86. En la misma línea cabe citar las aportaciones de José Antonio Martínez Morcillo (2016), «Asalto de ciudades durante la República Romana (200-167 a. C.): esclavización de supervivientes en contextos de guerra», *Gerión* 34, 169-188, y de Katharine P. D. Huemoeller (2021), «Captivity for All? Slave Status and Prisoners of War in the Roman Republic», *TAPA* 151/1, 101-125. Sobre la exhibición de prisioneras en los desfiles triunfales, nos hemos basado en Ida Östenberg (2009), *Staging the World. Spoils, Captives and Representations in the Roman Triumphal Procession*, Oxford.

Un aspecto importante de la cuestión es el papel de la piratería. Dos autores vienen trabajando específicamente en esta cuestión: Philip de Souza y Alfonso Álvarez-Ossorio Rivas. Del primero citaremos su monografía titulada (1999), *Piracy in the*

Graeco-Roman world, Cambridge. Del segundo, su libro (2008), *Los piratas contra Roma, Estudio socieconómico y cultural de la piratería cilicia (143-36 a. C.)*, Sevilla. Es también fundamental la obra de Lucia Monaco (1999), *«Persecutio piratarum. I. Battaglie ambigue e svolte costituzionali nella Roma republicana»*, *Studia et Documenta Historiae et Iuris* 65, 446-457. Elementos más concretos de esta problemática han sido desentrañados con mérito por otros investigadores, caso de Isaías Arrayás Morales (2010), «Bandidaje y piratería en la Anatolia meridional: definición y circunstancias en el marco de las guerras mitridáticas», *Studia Historica. Historia Antigua* 28, 31-55, y de Josiah Osgood (2010), «Caesar and The Pirates: or How to Make (and Break) an Ancient Life», *Greece & Rome* 57/2, 319-336.

Por lo que respecta a los rehenes, se ha producido en las últimas décadas un auge en la literatura académica. Como trabajo de conjunto, cabe citar el de Joel Allen (2006), *Hostages and hostage-taking in the Roman Empire*, Cambridge. Para la época de la República romana, son interesantes los estudios de M. James Moscovich (1983), «Hostage Princes and Roman Imperialism in the Second Century B.C.», *Échos du monde classique: Classical Views*, 27/3, 297-309 y de Saliou Ndiaye (1995), «Le recours aux otages à Rome sous la République», *Dialogues d'Histoire Ancienne* 21/1, 149-165. En cuanto a la historiografía española, destacan las aportaciones de Denis Álvarez Pérez-Sostoa (2009), «El confinamiento de los prisioneros de guerra y rehenes en la Roma republicana», *Veleia* 26, 153-171, autor que consagró a esta problemática su tesis doctoral. Una reevaluación del papel diplomático de los rehenes hispánicos se ha propuesto recientemente por Eduardo Sánchez Moreno y Jorge García Cardiel (2023), *«Partim donis, partim remissione obsidum captivorumque*: la diplomacia de rehenes y regalos en la Segunda Guerra Púnica en Hispania», *Klio* 105/2, 587-623. Otros aspectos de la actuación romana sobre la libertad de las personas son los relacionados con el fenómeno de las deportaciones. Cabe citar en este sentido las obras de Francisco Pina Polo (2004), «Deportaciones como castigo e instrumento de colonización durante la República romana: el caso de Hispania», en José Remesal Rodríguez, Francisco Marco Simón y Francisco Pina Polo (eds.), *Vivir en tierra extraña: emigración e integración cultural en el mundo antiguo*, Barcelona, 211-246, y de Luis Silva Reneses (2022), *Deducti, traducti. Les déplacements de communautés organisés par Rome en Italie et dans la péninsule ibérique (268-13 av. n. è.)*, Stuttgart.

Dejamos para el final, no por menos importante sino para mayor recuerdo, la cuestión del estatus de la mujer. En cuanto a las obras de carácter general, una de las aportaciones más recientes es la debida a Laura K. McClure (2020), *Women in Classical Antiquity. From Birth to Death*, Hoboken, N. J. Descendiendo un escalón temático, el libro de referencia en español sobre el ámbito romano es el de Irene Mañas Romero (2019), *Las mujeres y las relaciones de género en la antigua Roma*, Madrid, obra que aborda numerosas facetas de este universo, y que incorpora también una selección comentada de textos. Ya en referencia a la República, destaca la monografía colectiva de reciente aparición debida a Hannah Cornwell y Greg Woolf (eds.) (2022), *Gendering Roman Imperialism*, Leiden-Boston. Son también reseñables las aportaciones, en español, de Catalina Balmaceda (2020), «Las mujeres de Livio: *exempla*, pasado y presente», *Intus-Legere Historia* 14/1, 168-189, así como la tesis doctoral de Leire Lizarzategui Elu (2022), *Conciliadoras. El rol de las mujeres romanas en las prácticas diplomáticas (s. II a. C. – s. II d. C.)*, UPV/EHU, dirigida por Sylvie Pittia y Elena Torregaray Pagola. Cada una de las obras aludidas ofrece, a su vez, una amplia bibliografía, que permitirá al lector interesado profundizar en este apasionante tema.